Daniel Fürstenau

Wie ERP-Systeme zum Re-Engineering von Geschäftsprozessen beitragen. Systemarchitektur von Microsoft Business Solutions Navision/SAP Business One

Ein Fallbeispiel der Wacker-Chemie AG

GRIN Verlag

Bibliografische Information der Deutschen Nationalbibliothek:

Die Deutsche Bibliothek verzeichnet diese Publikation in der Deutschen National-
bibliografie; detaillierte bibliografische Daten sind im Internet über http://dnb.d-
nb.de/ abrufbar.

Impressum:

Copyright © 2006 GRIN Verlag GmbH
Druck und Bindung: Books on Demand GmbH, Norderstedt Germany
ISBN: 978-3-638-76476-6

Dieses Buch bei GRIN:

http://www.grin.com/de/e-book/50629/wie-erp-systeme-zum-re-engineering-von-
geschaeftsprozessen-beitragen-systemarchitektur

GRIN - Your knowledge has value

Der GRIN Verlag publiziert seit 1998 wissenschaftliche Arbeiten von Studenten, Hochschullehrern und anderen Akademikern als eBook und gedrucktes Buch. Die Verlagswebsite www.grin.com ist die ideale Plattform zur Veröffentlichung von Hausarbeiten, Abschlussarbeiten, wissenschaftlichen Aufsätzen, Dissertationen und Fachbüchern.

Besuchen Sie uns im Internet:

http://www.grin.com/

http://www.facebook.com/grincom

http://www.twitter.com/grin_com

2. Belegarbeit

für die Veranstaltung „ERP-Systeme" im WS0506

Thema:

Systemarchitektur von Microsoft Business Solutions Navision / SAP Business One
und Reengineering von Geschäftsprozessen bei der Wacker-Chemie AG

Lehrstuhl Wirtschaftsinformatik und Electronic Government

Aufgabe

1. Systemarchitektur

- Vergleichen Sie die Systemarchitektur von zwei ERP Systemen Ihrer Wahl bezogen auf Aufbau, Schichten, Datenhaltung, Schnittstellen!
- Ein System kann Navision 4.0 oder die Sage OfficeLine sein. Das zweite ERP Anwendungssytem wählen Sie bitte frei aus.

2. Reengineering

- Recherchieren Sie und finden Sie eine Fallstudie zum Thema Reengineering von Geschäftsprozessen!
  - Wie können ERP Systeme zum Reengineering von GP's beitragen?
  - Welche Hindernisse müssen überwunden werden, um Veränderungen bezogen auf Workflow, Arbeitsmethoden und Anwendungssysteme umzusetzen?

Inhaltsverzeichnis

Abbildungsverzeichnis

4

1. Systemarchitektur

In diesem Kapitel soll die Systemarchitektur der ERP-Systeme **Microsoft Business Solutions (MBS) Navision 4.0** und **SAP Business One** (Release 2003) untersucht werden. Dabei wird insbesondere auf den Aufbau, Schichten, Datenhaltung und Schnittstellen eingegangen.

Zielgruppe beider ERP-Systeme sind kleine bis mittlere Unternehmen (KMU's), deshalb bietet sich ein Vergleich an. Navision ist ursprünglich die Entwicklung eines dänischen Unternehmens. SAP Business One, die Lösung der SAP AG für kleine Unternehmen und Zweigstellen wurde aus der Lösung eines von SAP übernommenen israelischen Systemanbieters entwickelt. Beide Systeme basieren auf dem Client-Server-Modell und nutzen Datenbanksysteme zur Verwaltung der Datenbestände[1]. Im ERP-Bereich sind jedoch durchaus auch andere Systemarchitekturen, wie Peer-to-Peer und Grid-Computing zu finden sind[2].

1.1. Aufbau

Bei den untersuchten ERP-Systemen handelt es sich um verteilte Systeme, d.h. sie sind definiert durch eine Menge von Funktionseinheiten oder Komponenten, die in einer Beziehung zueinander stehen (Client-Server) und eine Funktion erbringen, die nicht durch die Komponenten alleine erbracht werden kann. Sowohl MBS Navision 4.0 als auch SAP Business One sind nach dem Client-Server-Modell aufgebaut. Aus verteilten Anwendungen lassen sich folgende Komponenten isolieren: Grafische Präsentation (Benutzeroberfläche), Benutzerschnittstelle, Applikationslogik, Datenmanagement und persistente Datenspeicherung[3].

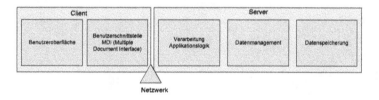

Abbildung 1: Thin Client - Two-tier-model von SAP Business One[4]

Diese Komponenten müssen auf Rechenressourcen (Clients – und Server-Maschinen) aufgeteilt werden. Bei SAP Business One erfolgt die Gliederung in zwei Stufen (two-tier-model). Getrennt wird zwischen Benutzerinterface und Anwendung (vgl. Abbildung 1). Die

---

[1] Sumner, M.: Enterprise Resource Planning 2004, S. 32
[2] Vgl. z.B. www.softwarespectrum.de/oracle/oracle_server.asp Abruf: 15.01.2006
[3] Bengel 2004, S. 18
[4] Eigene Darstellung

komplette GUI und einige Zusatzinformationen verwaltet der Client (thin client, remote presentation). Die Applikationslogik und die Daten verwaltet der Server.

Im Gegensatz dazu können verteilte Systeme jedoch auch als mehrschichtige Anwendungen strukturiert werden. Dadurch lässt sich eine bessere Skalierbarkeit der Server erreichen und web-basiertes Technologien können besser eingeschlossen werden. Microsoft BS Navision ist nach einer dreischichtigen Gliederung (three-tier-model) aufgebaut (vgl. Abbildung 2).

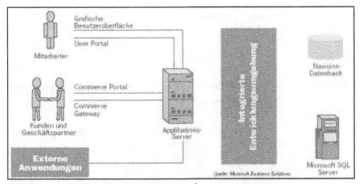

Abbildung 2: Systemarchitektur MBS Navision 4.0[1]

Nach GRONAU[2] weisen ERP-Systeme heute im Allgemeinen einen mehrstufigen Aufbau auf (vgl. Abbildung 3). Die Benutzungsschicht stellt in der Regel grafische Oberflächen für verschiedene Endgeräte zur Verfügung und dient als primäre Benutzungsschnittstelle. Sowohl Navision als auch Business One verfügen auf der Benutzungsschicht über proprietäre Benutzerschnittstellen. Eine Verwendung von Webbrowsern oder anderen Endgeräten als Client ist nicht vorgesehen.

Die Kommunikation zwischen Client und Server geschieht in MBS Navision und in SAP Business One über Transaktionen. An der Bearbeitung einer Transaktion sind mindestens zwei Computerprozesse (Client und Server) beteiligt, die unterschiedliche Aufgaben wahrnehmen.

---

[1] Microsoft Business Solutions Navision 2004: Technologie

[2] Gronau, N.: Enterprise Resource Planning und Supply Chain Management 2004, S. 8

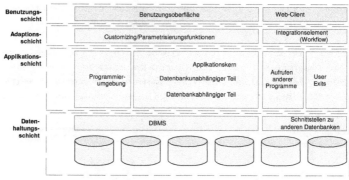

Abbildung 3: Allgemeiner Aufbau eines ERP-Systems nach Gronau[1]

SAP Business One basiert auf einer zweischichtigen Windows 32-Bit Client-/ Server-
Architektur und wird auf einem einzigen Server ausgeführt der sich in ein Windows-
Netzwerk integrieren lässt (vgl. Abbildung 4). Der Zugriff wird über Wide Area Network
(WAN), Terminal Services oder per DFÜ gewährleistet. SAP Business One enthält
Sicherheits- und Backup-Optionen sowie Netzwerk-Zugriffsprotokolle[2].

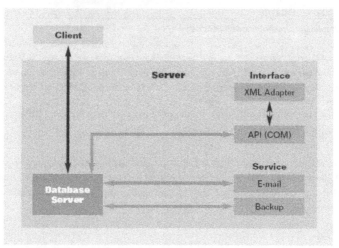

Abbildung 4: Client-Server Architektur SAP Business One[3]

---

[1] Gronau, N.: Enterprise Resource Planning und Supply Chain Management 2004, S. 8

[2] Vgl. SAP AG: SAP Business One 2005, S. 9

[3] SAP AG: SAP Business One 2005, S. 9

SAP Business One kapselt die zwölf Funktionsbereiche (z.B. Finanzwesen, Einkauf, Personal) in Komponenten. Durch den modularen Aufbau können die Komponenten über Application Programming Interfaces (API's) untereinander zu kommunizieren[1]. Das Basissystem kann in SAP Business One über eine Integration von Programmbausteinen in anderen Programmiersprachen mit Hilfe der API's erweitert und vorhandene Funktionen können angepasst werden. Die API-Programmierschnittstelle beruht auf COM-Technologie. COM ist die Basistechnologie von Microsoft für komponentenbasierte und verteilte Systeme. Ein zentraler Punkt bei der Arbeit mit Klassen verteilter Objekte sind die Schnittstellen[2]. Die verfügbaren COM-Objekte können mit Programmiersprachen wie Visual Basic, C/C++ und Java bearbeitet werden. Business One bietet eine Datenschnittstelle zum Lesen und Bearbeiten Daten und eine Benutzerschnittstelle zur Bearbeitung der Benutzeroberfläche.

Microsoft Business Solutions Navision trennt Datenbanklogik, Applikationslogik und Präsentationslogik und erweitert das System zusätzlich um Funktionen zum E-Commerce (vgl.Abbildung 2). Der Applikations-Server fungiert als Client auf dem Datenbankserver und arbeitet ohne Bildschirmdarstellung. Er dient zur Kommunikation zwischen Microsoft Navision, Commerce Gateway und Benutzeroberfläche. Hier sind keine Benutzereingriffe erforderlich.

Zur Applikationslogik gehört bei MBS Navision eine Programmierumgebung mit grafischer Oberfläche und der Programmiersprache C/AL. C/SIDE (Client/Server Integrated Development Environment) integriert das Datenbank-Management-System (DBMS) und die Client-/Server-Kommunikation[3] (vgl. Abbildung 2). Mit C/SIDE können Tabellen, Formulare und Reports erstellt und so die Anwendung ergänzt oder erweitert werden. Dataports in ermöglichen den Datenimport und – export. Außerdem können mit C/SIDE Codeunits und damit Anwendungscode erzeugt werden.

Als Modul zum automatisierten elektronischen Datenaustausch mit anderen Systemen dient das Commerce Gateway (vgl. Abbildung 5). Dieses ermöglicht den elektronischen Austausch von Dokumenten zwischen Geschäftspartnern. Das Commerce Gateway lässt sich mit dem Microsoft® BizTalk® Server integrieren wodurch sich gesendete oder empfangene Informationen automatisch mit dem Navision Back-office-System aktualisieren lassen[4]. Durch das Commerce Gateway, den Applikations-Server, XML-Schemata und Microsoft BizTalk Server lassen sich so Dokumente zwischen Microsoft Navision and anderen Systemen austauschen. Dies stellt eine Integration von Daten in verschiedenen Formaten wie EDIFACT oder X12 sicher. Ein Austausch von Dokumenten auf XML-Basis ist durch den XML-Port möglich.

---

[1] SAP AG: SAP Business One 2005, S. 9

[2] HORN, REINKE 2002, S. 507

[3] Microsoft Business Solutions Navision 2004: Technologie, S. 4

[4] Microsoft Business Solutions Navision 2004: Technologie 2004, S. 6

8

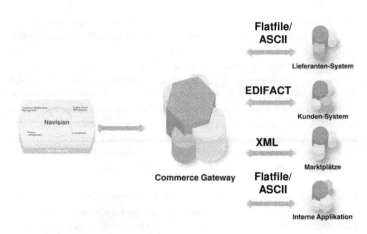

Abbildung 5: Commerce Gateway von Navision[1]

	MBS Navision 4.0	SAP Business One
Systemarchitektur	Client-Server	Client-Server
Gliederung	three-tier-model	two-tier-model
Aufbau	Data Server Application Server User Portal	Client Single-Server
Clients	PC	PC
Plattform	Windows	Windows
Benutzerschnittstelle	Proprietäre GUI	Proprietäre GUI MDI (Multiple Document Interface)
Applikationslogik	C/SIDE Entwicklungsumgebung Application Server	-
E-Business-Komponenten	Commerce Gateway Commerce Portal	-
Programmiersprache Entwicklungsumgebung	C/AL	API-Programmierschnittstelle auf COM-Basis

---

[1] Nach: Übung ERP-Systeme im WS 05/06 Übung1: „ERP-Systeme in der Übung"

9

1.2. Datenaustausch mit anderen Anwendungen

Schnittstellen sind logische Berührungspunkte in einem Software-System. Sie dienen zur Kommunikation mit anderen Prozessen und zum Verbinden einzelner Softwarekomponenten (Module) eines Programms[1].

Microsoft Business Solutions Navision

Zum Zugriff **aus** anderen Anwendungen stellt MBS Navision ODBC und C/FRONT zur Verfügung. Durch den ODBC (Open Database Connectivity)-Treiber für Navision kann aus anderen Anwendungen, z.B. über C/ODBC aus anderen Microsoft Produkten wie Excel oder Word[2], auf Daten von Navision zugegriffen werden. ODBC ist eine standardisierte Datenbankschnittstelle, die SQL als Datenbanksprache verwendet. ODBC bietet also eine Programmierschnittstelle (API), die es einem Programmierer erlaubt, seine Anwendung relativ unabhängig vom verwendeten Datenbankmanagementsystem (DBMS) zu entwickeln, wenn dafür ein ODBC-Treiber existiert.

C/FRONT erlaubt den lesenden und schreibenden Zugriff externer Programme auf Navision. So können Anwendungen, die in C oder C++ entwickelt wurden, unter Verwendung einer Dynamic Link Library (DLL) direkt auf C/SIDE zugreifen. C/FRONT kann auch über die OCX-API auf Navision zugreifen, wobei die externen Anwendungen als Automation Client agieren. Anwendungen wie Excel und Visual Basic unterstützen diese Technik. Dadurch können mit C/FRONT auch Datenerfassungssysteme wie Barcodeleser zur Auftragserfassung mit Navision integriert werden. Über die C/SIDE ist eine Anpassung möglich[3].

Der Austausch von Daten **zwischen** Navision und Fremdanwendungen funktioniert entweder über den Application Server oder den XML-Port.

„*Der Application Server läuft als Windows-Dienst und ist in der Lage, wie ein normaler Client die Anwendungsobjekte von Navision auszuführen. Er wird eingesetzt, um Routineaufgaben wie z. B. das Stapelbuchen zu übernehmen, aber auch, um Daten mit anderen Anwendungen auszutauschen. Erhält der Application Server eine Anfrage zur Verfügbarkeit eines Artikels von einer anderen Anwendung oder einem Mitarbeiter, der mit einer anderen Anwendung auf Navision zugreift, so ermittelt er die benötigten Daten in der Datenbank und liefert die korrekte Antwort. Der Application Server unterstützt sowohl **Named Pipe** als auch **Microsoft Message Queue** und **TCP/IP** als Transportmedien.[4]*"

Für den Datenaustausch ist zudem ein XML-Port integriert, um mit dem Standarddatenformat XML zu arbeiten. Dieser ermöglicht ein Import und Export von Daten im XML-Format.

[1] Von: http/www.wikipedia.de Suchwort: Interprozesskommunikation Aufruf: 18.01.2006
[2] Microsoft Business Solutions: Navision Technologie 2004, S. 10
[3] Microsoft Business Solutions: Navision Technologie 2004, S. 10
[4] Microsoft Business Solutions: Navision Technologie 2004, S. 11

Eine Anbindung **von** Fremdanwendungen erfolgt bei Navision aus der Entwicklungsumgebung über C, OCX und den Automation Controller. Die Funktionalität wird mit OLE-Controls erweitert, um z. B. mit einem Tastendruck in Navision eine Registrierkasse zu öffnen. Auch eine Interaktion von Navision mit den Office-Anwendungen ist effizient möglich. Zudem gibt es eine TAPI-Schnittstelle, welche die direkte Integration von Navision mit einer Telefonanlage ermöglicht[1].

Datenaustausch mit Fremdanwendungen bei SAP Business One

Der Datenaustausch mit Fremdanwendungen in Business One ist nicht sehr fortschrittlich. Über COM-APIs und das XML-Interface wird auf andere Anwendungen zugegriffen.

Der OBServer, ein API Online-Tool erlaubt die Datenerfassung von anderen Applikationen. Die OBServer-Applikation (Object Bridge Server) wird auf dem Server installiert und umfasst die gesamte Geschäftslogik. Integriert in dieses Programm ist eine vereinfachte Datenbank. Für jede Transaktion erfolgen eine Fehlerprüfung und eine automatische Vervollständigung mit Hilfe der Auto-Formularergänzung.

Mit der DATEV-FI-Schnittstelle können Finanzinformationen in SAP Business One anlegt werden, die in das DATEV-Buchhaltungssystem übertragen und für den Steuerberater exportiert werden können.

	MBS Navision 4.0	SAP Business One
Zugriff auf ERP-System	C/FRONT ODBC	OBServer
Datenaustausch	Application Server (Named Pipes, MS Queue), XML-Port	-
Zugriff von ERP-System	C, OCX, Automation Controller	DATEV-FI ,Outlook-Integration, Elster, Stamp-IT

---

[1] Entnommen von: Microsoft Business Solutions: Navision Technologie 2004, S. 10

1.3. Datenhaltung

Die Datenhaltung in ERP-Systemen erfolgt in der Regel auf zentralen Datenbank-Servern, die selbst eine Mehrprozessor- oder Cluster-Architektur haben können. Die Systeme bestehen aus einzelnen Datenbeständen, die über ein Datenbankmanagemt-System (DBMS) zugänglich gemacht werden[1]. Die Datenhaltungsschicht organisiert eine persistente und transparente Speicherung der Daten. Auf der Ebene der Datenhaltung befinden sich nach Gronau in der Regel Schnittstellen, die den Zugriff auf andere Datenbanken, auch die anderer Informationssysteme ermöglichen[2].

Microsoft Business Solutions Navision 4.0 verfügt über eine eigene properitäre Datenbank. Navision lässt sich sowohl mit dieser nativen Navision-Datenbank als auch mit Microsofts SQL Server betreiben.

In **SAP Business One** erfolgt keine logische Trennung von Datenschicht und Applikationsschicht. Die Datenhaltung erfolgt wie beschrieben auf einem Server der auch die Applikationslogik bereitstellt. SAP Business One unterstützt folgende Datenbanken:

- Microsoft SQL-Server
- Sybase Adaptive Server Enterprise – Small Business Edition
- IBM Universal Database Express Edition

	MBS Navision 4.0	SAP Business One
DBMS	Microsoft Navision DB Server Microsoft SQL Server	Microsoft SQL Server Sybase Adaptive Server IBM DB2 Express

---

[1] Gronau, N.: Enterprise Resource Planning und Supply Chain Management 2004, S. 9
[2] Gronau, N.: Enterprise Resource Planning und Supply Chain Management 2004, S. 9

2. Reengineering von Geschäftsprozessen

Technologischer Fortschritt und Innovationen bedingen in wettbewerblich organisierten Wirtschaftsordnungen eine permanente Anpassung an die sich ändernden Bedürfnisse des Marktes. Auch die Organisation, verstanden als die Art und Weise der Aufgabenerfüllung in Unternehmen, bedarf der ständigen Hinterfragung und Anpassung an die geänderte Wettbewerbsbedingungen. In diesem Kapitel wird, ausgehend von einem einheitlichen Begriffsverständnis, der Beitrag von Enterprise Resource Planning-Systemen zum Reengineering von Geschäftsprozessen untersucht. Zur Verdeutlichung bestimmter Aspekte soll auf eine Case-Study der SAP AG[1] zum Reengineering bei der Wacker-Chemie AG eingegangen werden. Gründe für Reorganisationsmaßnahmen waren hier die Erweiterung der Geschäftsbereiche, Änderungen der Unternehmensumwelt und gestiegener Wettbewerbsdruck.

2.1. Business Reengineering und ERP-Systeme

Zwei verbreitete Reorganisationstypen sind die Segmentierung und die Prozessorientierung[2]. Eine prozessorientierte Reorganisation, nach HAMMER UND CAMPY[3] als Business Reengineering bezeichnet, zielt darauf ab Unternehmen radikal und ohne Rücksicht auf bereits bestehende Strukturen neu zu planen und zu gestalten. Ziel ist es, eine stärkere Orientierung an den Kundenbedürfnissen zu erreichen und so eine Verbesserung der Ergebnisse bei Kosten, Qualität, Zeit und Service in deutlich erkennbarem Ausmaß zu realisieren. Der Fokus liegt nicht auf inkrementellen Verbesserungen in einzelnen Einheiten, sondern in einer konsequenten Ausrichtung des gesamten Unternehmens an den Prozessen. Nicht wertschöpfender Aktivitäten werden abschafft[4]. BPR-Projekte konzentrieren sich aus diesem Denkschema weniger auf eine aufwendige IST-Analyse, sondern versuchen die Geschäftsprozesse von Grund auf neu zu gestalten.

Dazu sollte sich die Organisation der Geschäftsprozesse an den Ergebnissen und nicht an den Aufgaben orientieren, die Prozessverantwortlichkeit und –ausführung sollten in einer Hand liegen, parallele Aktivitäten während des Prozesses sollten verknüpft werden[5]. Nach Gronau kann die Zusammenfassung von Aufgaben, die Herstellung einer breiten Auskunfsfähigkeit entlang der Prozesskette und die Schaffung einer tatsächlichen Prozessverantwortung nur erreicht werden, wenn entsprechende Informationssysteme vorhanden sind bzw. eingeführt werden[6]. Durch Reengineering können Geschäftsprozesse

[1] SAP Info Mai 2003 :Reengineering von Geschäftsprozessen klarer Wettbewerbsvorteil,

[2] vgl. GRONAU, N. : Wandlungsfähige Informationssystemarchitekturen 2003, S. 67

[3] GRONAU, N. : Wandlungsfähige Informationssystemarchitekturen 2003, S. 68, zit. nach HAMMER UND CAMPY 1993, S. 67

[4] Vgl. ALLWEYER 2004, S. 263

[5] Sumner, M.: Enterprise Resource Planning 2004, S. 21

[6] GRONAU 2003 S. S. 105, ZIT. NACH HAMMER UND CAMPY 1993 S. 67

vereinfacht und Geschäftsregeln verbessert werden. Dazu bedarf es nach Sumner der Veränderung bestehender Arbeitsmethoden und einer Prozessumgestaltung[1].

Kernelemente des Business Reengineering sind das Erreichen eines logischen Prozessablaufes, die ausreichende Berücksichtigung von Prozessvarianten, die sinnvolle Lokalisierung von Arbeitsschritten, eine Verringerung des Überwachungs- und Kontrollbedarfs und die Schaffung unitärer Anlaufstellen[2]. Dazu liefern in BPR-Projekten ERP-Systeme einen entscheidenden Beitrag. Wo noch keine Unterstützung der Geschäftsprozesse durch ERP vorhanden war, lassen sich oft erhebliche Nutzensteigerungen erzielen, aber auch die Funktionalität bereits vorhandener Systeme kann durch Releasewechsel oder Customizing verändert werden.

2.2. Reengineering-Aktivitäten bei der Wacker-Chemie AG

Die betrachtete Wacker-Chemie AG ist ein global tätiger Konzern mit Produktionsstätten in den USA, Brasilien, Singapur und Hauptsitz in München. Die wichtigsten Geschäftsbereiche sind Halbleiter, Polymere, Silicone und Werkstoffe. Weltweit erwirtschafteten im Jahr 2004 ca. 16.000 Mitarbeiter einen Jahresumsatz von rund 2,54 Mrd. Euro[3]. Als Teil der Strategie zum Business Reengineering setzt Wacker auf Systeme der SAP AG. Im Zuge einer umfassenden Reengineering-Strategie erfolgte zuerst 1998/99 die Migration von **SAP R/2** auf **SAP R/3**. Im Jahr 2002 erfolgte dann die Einführung von **mySAP Chemicals**, der Branchenlösung der SAP AG für die chemische Industrie. Immer wieder geht die SAP AG in der vorliegenden Case-Study dabei auf die enge Verzahnung zwischen ERP-System und den Geschäftsprozessen ein:

> *„Daher ging es auch nicht allein um Software, sondern um die Geschäftsprozesse selbst. ‚R/3-Standards waren die entscheidenden Mittel für ein durchgreifendes Reengineering unserer Geschäftsprozesse', so OSWALD SCHNAPPINGER.[4]".*

Betont wird vor allem die Rolle des Systems bei der Integration betrieblicher Abläufe, der Standardisierung von Geschäftsprozessen, der Automatisierung ehemals manueller Tätigkeiten, der Unterstützung logistischer Netzwerke und der Verbesserung der Kundenbeziehungen. Diese Beiträge sollen vertiefend hinterfragt werden.

2.3. Integration betrieblicher Abläufe

Zu den Elementen des BPR gehören nach Sumner die Aufgabe veralteter Regeln, eine Integration ehemals getrennter Geschäftsbereiche und eine funktionsübergreifende Koordination von Aktivitäten[5].

---

[1] Sumner, M.: Enterprise Resource Planning 2004, S. 19
[2] GRONAU, N. : Wandlungsfähige Informationssystemarchitekturen 2003, S. 106f
[3] http://www.wacker.com Abruf: 14.01.06
[4] SAP Info Mai 2003 :Reengineering von Geschäftsprozessen klarer Wettbewerbsvorteil, S. 43
5 Sumner, M.: Enterprise Resource Planning 2004, S. 20

„Mitte der neunziger Jahre bot die Ausgangssituation vor der SAP-Systemeinführung ein Bild, wie es auch heute für viele Unternehmen typisch ist: Stark fragmentierte Prozesse entsprachen heterogenen, oftmals dezentralen Einzelsystemen. Der Informations- und Datenfluss verzweigte sich an immer mehr zumeist nicht standardisierten Schnittstellen. Das SAP-R/2-Altsystem war über 15 Jahre hinweg den kontinuierlich gestiegenen Anforderungen im IT-Bereich gerecht geworden. Doch war es zwischenzeitlich von rund 180 Legacy-Systemen umgeben[1]."

ERP-Systeme integrieren verschiedene Funktionen in *ein* betriebliches Informationssystem. Die organisatorische Integration wird erreicht, indem Geschäftsprozesse über Abteilungsgrenzen hinweg durch das System abgebildet werden. Der Umfang besteht mindestens aus einer gemeinsamen Datenhaltung.

Zentrale Datenhaltung im ERP-System

„Heute bildet das ERP-System von SAP die Basis, auf der Wacker weltweit einheitliche Prozessmodelle für seine 24 Produktionsstandorte und über 100 Tochtergesellschaften und Dependancen etabliert. Damit einher geht die Zentralisierung der ERP-Systemlandschaft am Hauptstandort in München. So wurde Anfang 2002 ein System in den USA integriert und am 1. Januar 2003 ein weiterer Produktionsstandort in Japan eingebunden."

Eine zentrale Datenhaltung in einheitlichen, konsistenten, verfügbaren Datenbanken ermöglicht eine durchgehend automatisierte Prozesskette von der Auftragserfassung bis zur Buchhaltung. Vorteile zentraler Datenbanken sind die Verfügbarkeit der Daten für mehrere Nutzer, eine Reduktion der Datenredundanz, eine Verbesserung der Datenkonsistenz, Datenunabhängigkeit und eine verbesserte Datenintegrität[2]. Dies verbessert die Informationsgrundlage und die Datensicherheit, vermeidet Doppeleingaben und Medienbrüche. Verbunden mit der hohen Rechenleistung aktueller IT-Systeme ist eine zeitnahe Steuerung der Unternehmensressourcen durch Enterprise Resource Planning-Systeme möglich. So sind eine Zentralisierung der Entscheidungsfindung an dezentralen Standorten und eine Informationserfassung direkt am Entstehungsort möglich.

2.4.   Standardisierung von Geschäftsprozessen

In großen Unternehmen mit mehreren Geschäftsbereichen, wie der Wacker-Chemie AG kommen Geschäftsprozesse zwangsläufig mehrfach vor. Daher war die Wacker-Chemie AG bestrebt, die bestehenden Prozesse zu standardisieren. Durch die einheitliche Abbildung auf Systemebene kann diese Standardisierung erreicht werden. Durch eine konsistente Prozessaufnahme und –modellierung kann zudem ein gemeinsames Verständnis für die Prozesse geschaffen werden und so ein Know-how-Transfer zwischen den organisatorischen Einheiten erfolgen. Durch Referenzprozesse, die im System hinterlegt sind, welche auf unternehmens- und branchenübergreifenden Best-Practices beruhen, lassen sich vor allem bei sekundären Aktivitäten erhebliche Einsparungen erzielen.

---

1 SAP Info Mai 2003 :Reengineering von Geschäftsprozessen klarer Wettbewerbsvorteil, S. 42

2 Sumner, M.: Enterprise Resource Planning 2004, S. 32

Vorteile der Standardisierung sind eine höhere Produktivität, eine leichtere Koordination und eine Entlastung der Führung[1]. Im angegebenen Case werden ausgiebig die Vorteile beleuchtet. Beachtet werden muss aber, dass die standardisierten Geschäftsprozesse nicht „in Stein gemeißelt" werden und dadurch Anpassungsfähigkeit verloren geht. Auf Mitarbeiterebene besteht die Gefahr, dass durch eine zu starke Betonung formaler Aspekte Initiative verloren geht und Motivations- und Identifikationsprobleme auftreten[2].

Methodik zum Reengineering

> „Eine klar definierte Methodik bestimmte das Reengineering der Geschäftsprozesse. ... Die Implementierung erfolgte somit entlang von Prozessketten, nicht als Umsetzung von Funktionalitäten. Denn nur so ließ sich das Optimierungspotenzial von SAP R/3 auf der Prozessebene realisieren, ohne Abstriche bei der Systemtransparenz hinnehmen zu müssen."

Durch ein standardisiertes Vorgehen zur Umsetzung des Reengineering auf Basis einer einheitlichen Methodik wie bei der Wacker-Chemie AG lassen Prozessverbesserungen schnell unternehmensweit umsetzen, Schnittstellen vereinheitlichen und aufwändige Diskussionen vermeiden[3]. Das standardisierte Vorgehen ermöglicht zudem die das ERP-System unternehmensweit mit wenig Anpassungsaufwand einzusetzen. Betont werden soll an dieser Stelle auch die Notwendigkeit einer adäquaten Visualisierung der Prozesse. Im Fall der Wacker-Chemie erfolgte die Modellierung mit Ereignisgesteuerten Prozessketten (EPK's).

2.5. Einführung zusätzlicher Module des ERP-Systems

Nicht nur im Zuge der Migration des SAP-Systems erfolgte bei Wacker eine umfangreiche Umstrukturierung. Auch die Einführung von Modulen zum Supply-Chain-Management (SCM) und zum Customer-Relationship-Management (CRM) war mit Reorganisationsmaßnahmen verbunden. Betrachtet man die Abhängigkeit zwischen Reengineering-Projekten und IT-Unterstützung lassen sich in vielen Fällen erhebliche Schnittmengen identifizieren[4]. 2002 entschied sich die Wacker AG für den Einsatz der Branchenlösung **mySAP-Chemicals** der SAP AG um seine Reengineering-Strategie zu unterstützten.

Verbesserung der Kundenbeziehungen

Die Wacker Chemie AG führte im Juli 2003 eine E-Commerce-Plattform ein, um den Verkaufsprozess zu verbessern[5]. Durch die Integration von CRM-Komponenten in aktuelle ERP-Systeme kann besser auf Kundenbedürfnisse eingegangen werden und das

---

1 Gronau, N.: Enterprise Resource Planning und Supply Chain Management 2004,S. 4F.

2 Gronau, N.: Enterprise Resource Planning und Supply Chain Management 2004, S. 5

3 SCHMELZER UND SESSELMANN 2005, S. 161f.

4 Gronau, N.: Enterprise Resource Planning und Supply Chain Management 2004, S. 241

5 Vgl. SAP AG: Wacker Chemie. Globales Buy online mit mySAP CRM Internet Sales 2004, S. 2

durchgängige, abteilungsübergreifende Management der Kundenkontakte unterstützt werden. Als Vorteile wird zudem eine Steigerung der Auskunfts- und Lieferfähigkeit sowie eine automatische Identifikation und Tracking-Funktionalität genannt[1].

„Über alle Zeitzonen hinweg können Aufträge verfolgt und der Status eingesehen werden. Angesichts dieses Komforts verwundert es wenig, wenn BUYONLINE mittlerweile eine hohe Akzeptanz durch die Kunden erfährt[2]."

Im Bezug auf den Arbeitsablauf lassen erhebliche Veränderungen durch die Einführung der geänderten Prozesse feststellen. Durch die Implementierung des Online-Shops mit mySAP CRM E-Commerce wurden die Bestellprozesse für Abnehmer beschleunigt[3]. Die Abwicklung von Bestellvorgängen erfolgt jetzt komplett automatisiert.

Unterstützung logistischer Netwerke durch SCM-Komponenten

„Mit mySAP SCM lassen sich vormals lineare Ablaufsequenzen zu logistischen Netzwerken ausbauen, die Kunden und Partner in mehrschichtige Lieferketten integrieren. Ziel ist eine möglichst direkte Interaktion und die weitgehende Automatisierung der Beleg- und Informationsflüsse[4]."

Berichtet wird in der Case-Study, dass sich durch den Einsatz der SAP SCM-Lösung mySAP SCM mit dem integralen Bestandteil SAP APO (Advanced Planner and Optimizer) bei Wacker Silctronic die Kunden- und Lieferantenbeziehungen verbessern lassen. Die Vernetzung zwischen Partnern der Wertschöpfungskette ermöglicht eine effizientere Abwicklung von Geschäftsprozessen in komplexen Supply Chains, wie sie in der Prozessindustrie üblich sind[5].

2.6. Hindernisse bei der Umsetzung von Veränderungen

Hindernisse bei der Ablösung des Altsystems

Das Business Reengineering ist mit erheblichen Veränderungen des Geschäfts-, Kunden-, Mitarbeiter-, Führungs- und Organisationsverständnisses verbunden[6]. Veränderungen stehen dabei dem Bedürfnis nach Kontinuität und Sicherheit von Personen, aber auch der gesamten Organisation entgegen und stoßen daher auf nicht zu unterschätzende Widerstände. Wenn die Notwendigkeit zur Veränderung erkannt wird, ist die Bereitschaft Änderungen zu akzeptieren, eher vorhanden.

Das 15 Jahre alte SAP R/2-System der Wacker AG wurde von den Verantwortlichen als überholt angesehen und es wurde erkannt, dass dieses System nicht mehr in

[1] Vgl. SAP AG: Wacker Chemie. Globales Buy online mit mySAP CRM Internet Sales 2004, S. 2
[2] Vgl. SAP AG: Wacker Chemie. Globales Buy online mit mySAP CRM Internet Sales 2004, S. 2
[3] Vgl. SAP AG: Wacker Chemie. Globales Buy online mit mySAP CRM Internet Sales 2004, S. 1
[4] Vgl. SAP Info Mai 2003 :Reengineering von Geschäftsprozessen klarer Wettbewerbsvorteil, S. 44
[5] SAP AG: Wacker – Efficient Supply Chain Management with mySAP SCM 2001, S. 2
[6] Vgl. Schmelzer, Sesselmann 2005, S. 290

17

ausreichendem Maße den gestiegenen Anforderungen gerecht wurde[1]. Außerdem waren die hohen Wartungskosten ein Auslöser die Situation als kritisch zu bewerten. Widerstände gegen die Einführung des R/3-Systems konnten daher relativ schnell ausgeräumt werden. Auch bei der Implementierung der SAP Branchenlösung mySAP Chemicals überwogen nach einer Abwägung der Kriterien die Vorteile.

Veränderung des Arbeitsinhalts durch die Einführung einer E-Commerce-Plattform

Veränderungen im Arbeitsinhalt lassen sich im Fall der Wacker-Chemie z.B. bei der Einrichtung eines global nutzbaren Online-Shops für Silicon-Produkte beobachten[2]. Die verstärkte Kundenorientierung führte dazu, dass sich die Arbeitsinhalte der Mitarbeiter zum Teil grundlegend änderten. Die Bereitschaft zur Veränderung wurde durch die bestehende Situation vor der Umstellung unterstützt. Mit dem Projekt löste WACKER eine nicht voll integrierte und wenig komfortable Katalogsoftware ab.

„Heute können Kunden aus Deutschland, USA, Frankreich, Italien und Spanien die Produkte ihres Bedarfs direkt von ihrem PC aus per Knopfdruck ordern. Ob Kfz-Zulieferer, Bauunternehmen, Kosmetikhersteller oder Maschinenbauer: ihren Bedarf an Silicon-Erzeugnissen treffen WACKER-Kunden aus einem Produktkatalog, dessen Inhalt sich an ihren spezifischen Interessen orientiert[3]".

Das CRM-System sollte eine benutzerfreundliche, jederzeit verfügbare und integrierte Lösung bieten und so erkennbare Vorteile realisieren. Für die betroffenen Mitarbeiter im Verkauf bedeutet das eine Vereinfachung ihrer täglichen Arbeit, verbunden mit einer Zunahme der informationstechnischen Unterstützung. Regelbasierung in den IT-Systemen ermöglicht es, dass Generalisten Entscheidungen treffen können, die früher nur von Experten getroffen werden konnten. Der eingebaute Workflow im CRM-Modul ermöglicht eine leichtere Koordination über Abteilungsgrenzen hinweg und ist somit ein wichtiger Schritt in Richtung Prozessorientierung. Die Entlastung bei der täglichen Arbeit bedeutet zudem für die betroffenen Mitarbeiter eine Verlagerung von operativen zu eher strategischen Tätigkeiten.

Widerstände können nach Schmelzer und Sesselmann organisatorische und personelle Ursachen haben[4]. Personelle Widerstände entstehen wenn bestehende Arbeitsabläufe und Gewohnheiten abrupt geändert werden[5]. Außerdem treten Widerstände auf, wenn Ziele, Vorgehen und Ergebnisse der Veränderung missverstanden werden oder bestehender Beziehungen bedroht sind. In vielen Fällen lassen sich diese Widerstände über Information,

[1] Vgl. SAP Info Mai 2003 :Reengineering von Geschäftsprozessen klarer Wettbewerbsvorteil, S. 43
[2] Vgl. SAP 2004: Wacker Chemie. Globales Buy online mit mySAP CRM Internet Sales., S. 1
[3] SAP 2004: Wacker Chemie. Globales Buy online mit mySAP CRM Internet Sales., S. 2
[4] VGL. SCHMELZER, SESSELMANN 2005, S. 292
[5] SCHMELZER UND SESSELMANN 2005, S. 292 ZIT. NACH: SCHMITHER U.A. 1996

Kommunikation und Training, Beteiligung und sichtbare Erfolge abbauen[1]. So wurde bei der Einführung einer CRM-Lösung bei Wacker auf externe Berater von SAP Consulting gesetzt, verbunden mit IT und Fachbereichsvertretern der Wacker Silicones. Widerständen bei den Mitarbeitern wurde durch Schulungs- und Qualifizierungsmaßnahmen begegnet.

Hindernisse bei der Implementierung von mySAP SCM

Im Fall der mySAP SCM-Implementierung bei der Wacker-Chemie standen organisatorische Hindernisse einer Implementierung des SCM-Moduls entgegen. Während das Potential der globalen Optimierung der gesamten Lieferkette durch SAP APO von den Verantwortlichen zwar größtenteils akzeptiert wurde, standen die Leiter der einzelnen Abteilungen einer Implementierung im konkreten Fall jedoch eher skeptisch gegenüber. Aus Prozesssicht ist eine solche Integration mehrerer Planungsebenen eine organisatorische Herausforderung, da der hohe Integrationsgrad eine abteilungsübergreifende Neukonzeption der Funktionsbereiche erfordert und um dies zu erreichen müssen organisationale Verantwortlichkeiten geändert werden. Für die Umsetzung ist nach HURTMANNS[2] von der Wacker-Chemie eine schrittweise Einführung für einzelne Planungsebenen empfehlenswert. Ein Hindernis besteht also in der Überwindung der klassischen funktionsorientierten Aufbauorganisation und in der Einführung einer eher prozessorientierten Betrachtungsweise im Unternehmen.

2.7. Zusammenfassung

Im Fall der Wacker-Chemie AG wird die enge Verzahnung von Business Reengineering und den beteiligten Informationssystemen deutlich. Ausgehend von den speziellen Bedürfnissen eines Unternehmens der Prozessindustrie wurde gezeigt, welche Bemühungen unternommen werden, um eine effizientere Abwicklung der Geschäftsprozesse zu erreichen. In vielen Fällen sind Informationssysteme der Treiber für Kosteneinsparungen, Qualitätsverbesserungen und somit für eine Stärkung der Wettbewerbsposition. Des Weiteren wurde deutlich, welche Hindernisse überwunden werden müssen, um bewährte Konzepte abzulösen. Besonders herauszuheben sind dabei die Schwierigkeiten bei der Einführung einer prozessorientierten Unternehmensorganisation.

[1] SCHMELZER, SESSELMANN 2005, S. 292 ZIT. NACH BEST/WETH 2003, S. 173FF.
[2] in Anlehnung an Hurtmanns, Packowski 1999, S. 11

Literaturverzeichnis

1   Allweyer, T.: Geschäftsprozessmanagement. Strategie, Entwurf, Implementierung, Controlling. W3C-Verlag Herdecke Bochum 2005

2   Allweyer, T.: „Wer das Steuer in der Hand hat muss auch fahren können" Interview in SAP Info Ausgabe November 2005. Von: http://www.sap.info/public/DE/de/printout/article/ Abruf: 05.01.2006

3   Andresen, K.: Navision. Übung zur Vorlesung ERP-Systeme im Wintersemester 2005/2006 Von: http://wi.uni-potsdam.de Letzter Abruf: 15.01.2006

4   Bengel, G.: Grundkurs Verteilte Systeme. 3. Auflage Vieweg 2004

5   Gronau, N.: Enterprise Resource Planning und Supply Chain Management. Architektur und Funktionen. Oldenbourg 2004

6   Gronau, N.: Wandlungsfähige Informationssystemarchitekturen - Nachhaltigkeit bei organisatorischem Wandel. Reihe Wirtschaftsinformatik: Technische und organisatorische Gestaltungsoptionen. Band 1, Berlin 2003

7   Horn, E., Reinke, T.: Softwarearchitektur und Softwarebauelemente Hanser 2002

8   Hurtmanns, F., Packowski, J.: Supply Chain optimization using SAP APO within mySAP.com in the chemical industry. In: HMD No. 207 – Supply Chain Management. Vol. 36. June 1999.

9   Microsoft Deutschland GmbH (kein Autor genannt): Microsoft Business Solutions Navision Technologie. Von: http://download.microsoft.com/download/8/1/b/81b43384-9ae5-4d63-86b4-71466a94b86e/Microsoft%20Navision%204.00%20Technologie.pdf Stand: Oktober 2004 Letzter Abruf: 15.01.2005

10 Microsoft Business Solutions: Microsoft Navision – 4 gewinnt! http://www.microsoft.com/germany/businesssolutions/navision/funktionen.mspx Letzter Abruf: 15.01.2006

11 Niemann, F.: Navision harmoniert nicht mit SQL-Server. Computerwoche Von: http://www.computerwoche.de/knowledge_center/enterprise_resource_planning/55192 3/ Letzter Abruf: 15.01.2005

12 Schmelzer, H.J., Sesselmann, W.: Geschäftsprozessmanagement in der Praxis. 4. Auflage Hanser 2005

13 Sumner, M.: Enterprise Resource Planning. Prentice Hall 2004

14 SAP AG (kein Autor genannt): SAP Lösung im Detail. SAP Business One. Neue Dimensionen der Effizienz, Kontrolle und Rentabilität für mittelständische Unternehmen. Von: http://www11.sap.com/germany/media/mc_221/50061300.pdf Veröffentlichung: 2004 Letzter Abruf: 15.01.2006

15 SAP AG (kein Autor genannt): Wacker Chemie. Globales Buy online mit mySAP CRM Internet Sales. Von: http://www.sap.com/germany/media/mc_401/50070770.pdf SAP Consumer Sucess Story. Veröffentlichung: 2004 Letzter Abruf: 16.01.2006

16 SAP AG (kein Autor genannt): Reengineering von Geschäftsprozessen klarer Wettbewerbsvorteil. Aus: SAP INFO Mai 2003. S. 42 – 45 Von: http://www.sap.info/public/DE/de/printout/ Letzter Abruf: 16.01.2006

17 SAP AG (kein Autor genannt): SAP Consumer Sucess Story. Wacker – Efficient Supply Chain Management with mySAP SCM Von: http://www.sap.com/solutions/business-suite/scm/pdf/Wacker.pdf Veröffentlichung: 2001 Letzter Abruf: 17.01.2005

www.ingramcontent.com/pod-product-compliance
Lightning Source LLC
LaVergne TN
LVHW042322060326
832902LV00010B/1665